ÉTUDES FORÉZIENNES

LA MAISON

NAZARIER DE LA FAYOLLE

ET LE

LIVRE DE RAISON D'ÉTIENNE NAZARIER

PAR

L'ABBÉ REURE

ROANNE

IMPRIMERIE TYPOGRAPHIQUE M. SOUCHIER, RUE DE SULLY

1894

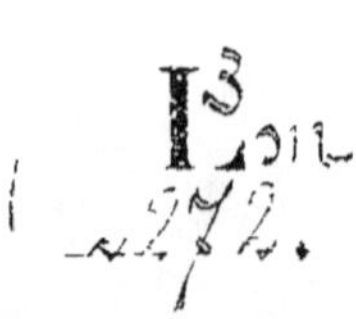

LA MAISON

NAZARIER DE LA FAYOLLE

ET LE

LIVRE DE RAISON D'ÉTIENNE NAZARIER

PAR

L'ABBÉ REURE

ROANNE

IMPRIMERIE TYPOGRAPHIQUE M. SOUCHIER, RUE DE SULLY

—

1894

LA MAISON

NAZARIER DE LA FAYOLLE

ET LE

LIVRE DE RAISON D'ÉTIENNE NAZARIER

———

Le bourg de Saint-Martin-d'Estreaux est bâti sur une des premières collines qui limitent la plaine du Roannais. Après avoir descendu quelque temps dans la direction du midi, on s'enfonce dans une vallée âpre en hiver, fort agréable en été, couverte de beaux arbres, arrosée par un joli ruisseau, et égayée par les petits châteaux de la Fayolle et de Godinière. Elle a dû être desservie de tout temps par un chemin qui côtoie le ruisseau, car c'est la seule communication facile entre Saint-Martin et la « Montagne ». Vers le fond de cette vallée étaient l'étang et le moulin Nazarier, appelés aujourd'hui l'étang et le moulin Mouton. C'est le berceau des Nazarier, soit qu'ils aient donné leur nom à ce lieu, soit qu'ils en aient reçu le leur.

Quoi qu'il en soit, ce nom de Nazarier était fort ancien dans le pays, où nous le trouvons cité dès l'année 1256(1). Au xive siècle, on rencontre dans les actes du temps plusieurs mentions des Nazarier. A défaut de mieux, il faut recueillir pieusement ces maigres débris. En 1334, le samedi après la Madeleine, Jean Nazarier, fils de Marquet Nazarier, au nom de Jeanne, sa femme, fille de Jean de la Plaigne, confesse tenir en fief du comte de Forez la moitié d'un dîme que possède ladite Jeanne dans la paroisse de Saint-Martin-d'Estreaux, près du tènement d'Etienne Pengut et du tènement de Brun Dobert(2). — Le 29 novembre 1338, Odin Nazarier figure comme témoin dans une vente faite par Tachon Prévost à Guy, comte de Forez, de cens et rentes sur des héritages situés à Saint-Martin-d'Estreaux et à Crozet(3). — En 1355, le dimanche après l'octave de Pàques, Jean et Etienne Nazarier, peut-être fils de l'un des précédents, font hommage à Hugues de Châteaumorand, ledit Jean Nazarier des trois quarts, et Etienne de la quatrième partie d'un dîme de blé, chanvre et charnage qui se lève en la paroisse de Saint-Martin-d'Estreaux (4). Il est encore question de Jean Nazarier en 1353, dans un petit terrier des droits dus au comte de Forez ensuite de la vente à lui faite par Pierre de Châtelus et sa femme Marguerite de Valères (5). — On peut

---

(1) A. Barban, *Aveux et dénombrements*, num. 1015.

(2) Arch. nat., P. 491, c. 384.

(3) Ibid., P. 1395, c. 280.

(4) Acte mentionné dans un inventaire partiel des archives de Châteaumorand; mais nous n'avons pas retrouvé l'original.

(5) Arch. nat., P. 1394, c. 33.

enfin regarder comme très probable que Jean Nazarier, curé d'Arçon, près de La Pacaudière, en 1405(1), appartenait à la même famille (2).

C'est tout, du moins à ma connaissance. Je n'essayerai pas, bien entendu, de reconstruire avec ces pauvres éléments une suite généalogique qui serait forcément arbitraire. Au xv⁰ siècle, silence complet sur la maison Nazarier. Il faut arriver aux premières années du xvi⁰ siècle pour en retrouver la trace dans le terrier de la châtellenie de Crozet, fait en 1506 et 1507 (3). Au fol. 499 v°, on y mentionne, au nombre des tenanciers de la duchesse de Bourbon, Michel Nazarier et Hugonin Nazarier, son « personnier », paroissiens de Saint-Martin-d'Estreaux. Mais à partir de ce moment, et pendant cinquante ou soixante ans, il est très facile de suivre dans le détail la généalogie d'une branche au moins de cette famille, grâce au livre de raison d'Etienne Nazarier, curieux document auquel nous allons faire de larges emprunts.

Le livre de raison d'Etienne Nazarier est aujourd'hui aux archives de Châteaumorand. C'est un gros volume, couvert d'une ancienne reliure, de 264 feuillets, mais dont un grand nombre de pages

---

(1) Arch. dép. de la Loire, B. 1886, (t. II de l'*Invent.*, p. 252).

(2) Cependant il y avait aussi des Nazarier à Renaison. (Voy. le même *Invent* , t. II, p. 212). Le registre C. 398 des archives du Rhône mentionne, mais sans aucune date, au nombre des testaments transcrits au greffe de la Chambre des comptes de Montbrison, celui d'Uldin Nazarer.

(3) Arch. dép. de la Loire, A. 62.

sónt restées blanches. Ce registre est en général écrit avec une extrême négligence, et quelques parties ont résisté, non seulement à mes efforts, ce qui serait bien peu dire, mais à la sagacité d'un archiviste de profession. Il n'est pas tout entier de la main d'Etienne Nazarier ; quelques notes y ont été ajoutées par son fils Jean et son petit-fils Jacques Nazarier.

Il paraît certain qu'Etienne Nazarier avait d'abord l'intention d'en faire un simple répertoire de ses titres de propriété et de famille, et c'est ce que donne assez clairement à entendre la première page du registre : « Ce présent papier est à moy Estienne « Nazarier, notaire royal, soubz signé, lequel me a « esté donné par Me Jacques Rogier, masson, et « dans lequel est la déclaration des héritages que « je acquis, aussi les titres que j'ay, tant à cause « de mes feus père et mère, que de Mre Estienne « Nazarier, en son vivant prebstre, et aussi est dé- « claré les servis que je doys servir ce jour d'huy « xx mars mill vᶜ quarante cinq. NAZARIER. »

L'idée ne vint qu'après coup à Etienne Nazarier d'insérer dans son registre des renseignements sur ses parents, la naissance de ses enfants, leur éducation, leur mariage, des comptes de dépenses, des inventaires de meubles et de livres, et même des notes d'un intérêt plus général.

Celles-ci sont peu nombreuses, et il faudrait se garder d'en exagérer la valeur. La plus importante est d'ailleurs en partie illisible : on y voit cependant que « l'an mil vᶜ xLV, les viiᵉ et xiᵉ juing, fust une

« grande bapture en ce pays, que feist grand mal ».
Mais qu'est-ce que cette *bapture?* Notons en passant
ce témoignage de la grande popularité du jubilé de
Saint-Jean : « L'an mil v^c xlvi fust le grand pardon
« général à Lyon. » Nous apprenons aussi qu'il
neigea en 1551 le jour de l'Ascension et la veille de
la Saint-Michel ; le blé qui n'avait valu auparavant
que 4 sous 6 deniers, mesure de Crozet, se vendit
5 sous 6 deniers.

En somme, cela est bien peu de chose. Le livre
de raison d'Etienne Nazarier n'en est pas moins un
intéressant document historique, parce qu'il nous
raconte l'histoire d'une famille de laboureurs au
moment où elle quitte la charrue pour entrer dans
la bourgeoisie. Selon toute apparence, le grand-
père d'Etienne, Jean Nazarier, n'était qu'un labou-
reur à l'aise, qui vivait comme ses ancêtres au
village Nazarier. Odin, un de ses fils, était encore
d'une condition modeste, puisqu'il épousa, comme
on le verra, la fille d'un maréchal-ferrant. Il vint
s'établir au bourg de Saint-Martin-d'Estreaux, où
il était en 1523 collecteur du péage(1) ; peut-être
en pourrait-on conclure qu'il n'était pas absolument
sans lettres. Il fit instruire son fils Etienne, qui, en
1539, fut reçu officiellement au nombre des trois
cents notaires reconnus par le roi dans l'étendue du
pays de Forez ; mais il exerçait déjà sa profes-

---

(1) Exploit du 13 décembre 1523, aux archives de Châteaumorand. (Nous ne citerons en note que les faits ou les actes dont nous
ne trouvons pas la mention dans le livre d'Etienne Nazarier.)

sion depuis quelques années (1). Etienne Nazarier, notaire bien achalandé (2), un peu praticien, sans doute un peu banquier, greffier du bailliage de Châteaumorand, protégé par le noble château, fit rapidement fortune. Bref, dès le milieu du xvie siècle, la maison Nazarier était déjà une des plus riches et des plus notables du pays.

Nous allons maintenant laisser Etienne Nazarier lui-même nous donner quelques détails sur sa famille : « De Jehan Nazarier et Huguette Proutz, « mes grandz pères de moy Estienne Nazarier, « notaire royal, sont descenduz : assavoyr Michel « Nazarier, qu'il descéda sans hoirs, messire Es- « tienne Nazarier, presbre, Hugonyn Nazarier (3), « Odyn Nazarier, mon père, Margarite Nazarier, « qu'il fust mariée à Claude Magnyn, maréchal, « Catherine Nazarier, qu'il fust mariée à Chenay « à Claude Morestyn, et Jehanne Nazarier, qu'il « fust mariée en la maison de Pont, en la paroisse « de Tourzye. » Etienne Nazarier « presbre » était né vers 1453; vicaire de Saint-Pierre-Laval en 1515 (4), puis vicaire de Saint-Martin-d'Es- treaux (5), il ne semble pas s'être élevé plus haut

---

(1) Actes du 6 juin 1534, à Châteaumorand, et du 8 décembre 1538, aux archives du château de la Fayolle.

(2) Beaucoup d'actes importants ont été reçus par lui, entre autres une transaction du 2 mars 1541 (v. s.), entre les barons de la Voulte et de Châteaumorand.

(3) Michel et Hugonin Nazarier sont bien évidemment les mêmes que ceux qui sont mentionnés dans le terrier de Crozet.

(4) Acte du 3 juillet 1515, aux archives de Châteaumorand.

(5) Actes du 7 février 1525 (v. s.) et du 28 décembre 1527, à Châteaumorand.

que ces très humbles fonctions. Il fit son testament le 2 août 1541, « qui fust le jour de la quaran-
« taine de Monseigneur Jehan de Lévys, baron de
« Chasteaumorand », et mourut le 9 ou le 10 juin
1543 (1), à l'âge de quatre-vingt-dix ans, laissant
sa maison et tous ses biens à ses neveux Etienne
et Jean Nazarier.

Etienne poursuit en ces termes la généalogie de
sa famille : « Dudict Odyn Nazarier et de Margarite
« Perroux (mariés par contrat du 9 avril 1504),
« fille feu Jehan Perroux, maréchal, natif de Ser-
« villy, près La Palhisse, sont descenduz Anthoy-
« nette, moy Estienne, Anne, Loyse, Jehan,
« Reigne, Marie et Resmond. Lesd. Anthoynette,
« Reigne, Marie et Resmond sont descédés en bas
« aige, mesmement lesd. Reigne, Marie et Resmond
« en l'an mil vᶜxxiiii qu'il fust l'année de la peste,
« en laquelle trespassa mon dict père le jour sainct
« Denys de peste ; aussi morut Margarite Nazarier
« sa seur, qu'il avoyt esté mariée à feu Claude
« Magnyn, maréchal, laquelle despuys, amprès le
« trespas de son dict feu mary, c'estoyt retyrée
« avec led. Mʳᵉ Estienne Nazarier et mon dict père,
« fraire et seurs, et vyvoyent ensemble. — Item que
« lad. Margarite, ma mère, est descédée le xiiiᵉ
« d'aoust mil vᶜxl.

« Item quant à moy, Estienne Nazarier, me suis
« marié avec Anne de Noalhy (contrat du 15 mai

---

(1) Je trouve ces deux dates dans le livre de raison d'Etienne
Nazarièr.

« 1537) fille de feu Fiascre de Noalhy, natif de Am-
« bierle, qu'il avoyt esté marié avec Marie Bardet,
« filhe de Symon Bardet. — Et duquel mariage est
« ysshue assavoyr Georgette Nazarier, qu'il nacquit
« le vi⁰ de févryer mil v⁰xli, à neuf heures du matin,
« et a esté baptizée en l'esglise de ce lieu de Saint-
« Martin-d'Estreaux par vénérable personne M^re
« Jehan Malhyan, presbre, curé dud. lieu, et ont
« esté comparres assavoyr vénérable personne M^re
« Adryen Dynet, presbre, lors curé de Colonges,
« et despuis de ce lieu de Sainct-Martin, Georgette
« Maréchal, femme Jehan Nazarier mon fraire, et
« Jehanne de Blandye, femme Resmond Bardet,
« oncle de ma dicte femme. — Item est aussi netz
« Margarite, laquelle nacquit le dymanche xiii^e
« juilhet mil v⁰xliiii, et fust baptizée en lad. esglise
« par led. Malyan, et ont esté comparres led.
« Resmond Bardet, Loyse ma seur, femme de
« Jehan Blache, et Margarite, fille de Anne Naza-
« rier, ma seur, mariée à Lyon.

« Aujourd'huy vi⁰ de septembre mil v⁰xlvi est
« netz Jehan Nazarier, et a esté baptizé par véné-
« rable personne Adryen Dynet, curé de St-Martin.
« — Le xxe jour févryer mil v⁰xlvii (1548, n. s.)
« environ jour falhy est netz Marie Nazarier et bapti-
« zée led. jour par vénérable personne Mre Loys Po-
« pier, presbre vicaire de St-Martin. — Ce jour d'huy
« jour saincte Anne mil v⁰xlix est netz Estienne
« Nazarier, et ont esté comparres Estienne Molyère
« dict Nazarier, Jehan Blasche, clerc, et Catherine,
« femme Resmond Bardet. — Ce sabmedy veille

« Pentecouste XVIᵉ may mil vᶜLI est netz Jacques
« Nazarier, mon fils. — Ce sabmedy XXIIIᵉ sep-
« tembre mil vᶜ... est née Loyse. — Ce jour d'huy
« sabmedy XVIᵉ jour de novembre mil vᶜ... entour
« mynuyt, est netz Claude. — Ce pénultième
« avrilh 1557 est netz Françoys, et ont esté
« comparres Mʳᵉ le protonotaire de Montbatz et
« Mme de Chenillat. »

Je ne sais si le lecteur est de mon avis, mais il
me semble que ces notes écrites au jour le jour par
un bon bourgeois, sans ombre de prétention litté-
raire et même avec une orthographe étrange chez
un notaire, sont d'une simplicité et d'une bonhom-
mie charmantes. Ce sera l'excuse de cette longue
citation.

Il est à regretter que le journal d'Etienne
Nazarier ne nous apprenne rien sur la destinée de
la plupart de ses enfants, dont il vient d'enregistrer
la naissance. Mais nous avons des renseignements
curieux sur l'éducation de Georgette, de Marguerite
et de Jean. Il n'y avait pas sans doute d'école à Saint-
Martin-d'Estreaux. Etienne Nazarier se décide à
confier son fils à un prêtre de Châtelus, et envoie
ses filles chercher un peu d'instruction dans une
des petites villes du voisinage. Mais c'était assez
coûteux. Le père de famille ne regrette pas son
argent; oh! non; mais enfin, comme c'est un homme
d'ordre et que les comptes bien tenus font les bonnes
maisons, il est bien aise de constater et de noter la
dépense : « Le lendemain jour feste Dieu mil vᶜXLVII
« (Georgette) fust menée à Marcigny pour ap-

« prendre, out elle demora l'espace d'ung an et
« demy, et me coustoit xxx s. par moys, et despuis
« demora à Cusset, et en vᶜLIII a esté mariée avec
« Loys Rogier. — Ce jour d'huy vᵉ mars vᶜLI
« (1552 n. s.) la Margarite a esté menée à Cusset
« par sa mère, avec la fille Jacques Mesplein, et
« me couste par moys xxx sols. »

On remarquera que les pauvres petites étaient
mises en pension bien jeunes, à cinq ou six ans;
quant à la dépense — un sou par jour! — il semble
que c'était un prix fait.

L'éducation de Jean, son fils aîné, a paru à
Etienne Nazarier une chose si importante qu'il est
revenu, dans son registre, jusqu'à trois fois sur ce
sujet. Voici la note la plus complète : « Item nac-
« quit, le vIᵉ septembre mil vᶜ xLVI, Jehan mon fils.
« — Le lundy IXᵉ jour novembre mil vᶜ LI, a esté
« mené par moy à Chastelus, avec Mʳᵉ Pierre
« Pasquaud, presbre, out a demoré despuis led.
« temps jusques à la feste sainct Jehan Baptiste
« mil vᶜ LIII, et me couste par an à raison de vII
« livres x sols, soilhe (seigle) xx livrotz. — Item
« a esté tonssuré. — Item que le xxvIIᵉ jour aoust
« mil vᶜ LIII, Loys Rogier le a mené au Donjon (?)
« out je le affermay en penssion à raison de xxx
« sols par moys, et dont ay balhé Lx sols. »

L'homme d'affaires exact et soigneux, qui chiffre
à tant de revient même les joies et les petites gloires
de la famille, reparaît quand vient l'article des
fiançailles et du mariage de ses filles. Sans doute,
il n'est pas fâché de constater dans son journal que

les fiançailles de Georgette avec Louis Rougier furent faites à Châteaumorand et que Monseigneur (1) daigna les bénir lui-même ; mais il note avec un peu de mélancolie qu'il lui en coûta bien quinze livres. Les fiançailles de Marguerite avec Antoine Gallois (2), bourgeois de Châtelus, célébrées le 22 mars 1552, furent un peu moins onéreuses, bien qu'il y eût « bon et grand compagnye », et le bon Nazarier s'en tira cette fois pour dix livres.

Mais cela n'était encore que bagatelle, et il y avait de quoi gémir des folles dépenses que l'usage imposait à un bourgeois qui établissait sa fille. Songez qu'aux noces de la Georgette, le 10 septembre 1553, on but et on mangea : trois pièces de vin, une de rouge et deux de blanc, qui coûtèrent dix livres, un veau, six moutons, un *brave*, huit douzaines de poulets, trente *oisons*, six perdraux, six levraux ; je passe sur vingt autres dépenses. On eut à la noce Monseigneur de Châteaumorand, M. de Chenillac, Madame de Morlot, le curé de Saint-Martin, le curé de Saint-Romain, Etienne Molière, Gibert Reure et sa femme, Mᵉ Gilbert de Dianière, Mᵉ Pierre Papon, et une innombrable

---

(1) Antoine de Lévis-Châteaumorand, précédemment archevêque d'Embrun, alors évêque de Saint-Flour, par échange avec Balthasar de Jarente.

(2) La maison Gallois ou Desgallois, modeste encore à cette époque, s'éleva très haut dans la suite ; c'est à cette maison qu'appartient J.-B. des Gallois de la Tour, intendant de Provence et premier président du Parlement d'Aix au XVIIIᵉ siècle ; son fils aîné est mort archevêque de Bourges.

parenté. Les noces de la Marguerite furent bien plus belles encore, et je pense qu'il n'est pas arrivé souvent à un notaire de campagne d'avoir pareils invités à sa table. C'étaient Monseigneur de Saint-Flour et de Châteaumorand, Monseigneur l'évêque de Lectoure (1), Monseigneur de Montbas, Monseigneur de Chenillac, Monseigneur de la Chaize, Monseigneur le protonotaire de Montbas, Madame de Montbas, Madame de Chenillac, Madame de Chenay, M. des Miniers, M. de la Feige, des notaires et de riches bourgeois du voisinage. Les frais furent insensés; on alla jusqu'à dépenser pour quatre livres quinze sous de *suscre* et trois livres d'*espisserye !*

Tant d'enfants à élever, à instruire, à marier, n'empêchaient pas cependant le digne notaire d'arrondir tous les jours sa fortune. Mais il serait sans intérêt pour le lecteur de connaître ses acquisitions. Nous passerons aussi sous silence les autres actes d'affaires, les uns simplement mentionnés, les autres transcrits tout au long dans le registre d'Etienne Nazarier. On y pourrait cependant recueillir des informations curieuses sur les cens dus aux moines de la Bénisson-Dieu, aux religieuses de Beaulieu, aux chanoines de Montbrison, et sur l'état de la propriété.

Voici seulement, comme exemple, le détail d'un cheptel en 1548. Ce cheptel comprend : deux bœufs,

---

(1) Guillaume Barton de Montbas.

une vache et son suivant, une *thore*, deux autres vaches et leurs suivants mâles, un *brave*, quarante-quatre brebis, trois truies, quatre cochons, que Gilbert et Claude Reure, preneurs *à tiltre de myterie*, promettent « bien nourrir et garder à la coutume du pays de Roannais, et ne pas les vendre sans le consentement d'Etienne Nazarier, et du *croist* lui rendre bon compte. » Trois ans plus tard, Claude Reure confesse avoir reçu, en sus du cheptel ci-dessus, trois vaches et leurs suivants. Cela ne s'éloigne guère de ce qu'était encore un cheptel, dans le même pays, il y a quelque soixante ans. Ces chiffres témoignent d'une prospérité agricole assez satisfaisante pour une vallée d'une médiocre fertilité. Mais le bétail était à bas prix, même en tenant compte, bien entendu, de la valeur de la monnaie au milieu du xvie siècle; aussi tout ce cheptel n'est-il estimé qu'à 129 livres 10 sols. En 1554, un autre cheptel de quatre bœufs *arrans*, quatre vaches et quatre suivants mâles, trois *thores*, cinquante brebis, se monte à la somme de 135 livres. D'autres actes nous font connaître avec précision les instruments de culture dont on se servait alors; sur ce point encore, on constate que les choses ont à peine changé depuis trois siècles et demi.

Non seulement Nazarier achète, mais il bâtit beaucoup. Il restaure la vieille maison de son père, en refait la toiture et un des pignons, l'orne d'une belle cheminée de pierre. Il élève une grange au bourg de Saint-Martin, à la place de l'ancienne

halle, et *entrage* un terrain pour y bâtir une boutique
de louage. Son livre de raison nous a conservé un
prix fait avec Antoine Foucaud, maçon du pays de
Limousin, pour une autre grange dont les travaux
commencèrent le 19 mai 1550, « et a esté mys la
première pierre par Jehan mon filz. » Humbles
renseignements, à coup sûr, dont il serait ridicule
d'exagérer l'importance, mais qui attestent cette
poussée en avant d'un bourgeois en train de s'en-
richir, et à qui tout réussit. Etienne Nazarier ne
parle nulle part du château ou de la maison de la
Fayolle, qui évidemment n'existait pas encore.

Son mobilier, dont il nous donne jusqu'à deux
fois l'inventaire, annonce, non pas des habitudes
de luxe, mais une vie large et aisée. A l'exception
de deux cueillères d'argent, dont une lui a été
donnée par sa sœur Anne, de Lyon, la vaisselle est
en fer, en cuivre et en étain; il achète un jour
53 livres d'étain, le fait fondre par un ouvrier du
métier, et en tire trois pintes, trois plats, six demi-
plats, six écuelles, etc. La maison est abondamment
pourvue de linge de table, de rideaux de lit à
franges fines; on y trouve même « deux quarrés
de tapisserye », achetés à Lyon. Les meubles sont
nombreux et paraissent confortables : dressoirs,
buffets, coffres et sièges de chêne, etc. Parmi les
objets de luxe, je remarque une « ymage en huille
de saincte Margarite », une « ymage de la Magde-
lène sur le dressoer », « unes paires de patenos-
tres » d'ambre et d'argent, un « livre paint, où est

l'effigie de Nostre Dame » (1). Nazarier, a-t-il porté les armes dans sa jeunesse? Je ne sais; mais il conserve dans son étude « une petite arbaleste, une espée, ung bracquemart », enfin une « petite botheilh de cuyr », que je suppose avoir été une poire à poudre.

Etienne Nasarier nous a laissé un inventaire infiniment plus précieux, mais dont il ne pouvait pas soupçonner le prix : c'est le catalogue de sa bibliothèque. On connaît l'importance des documents de ce genre, si rares aujourd'hui. Cette page du registre est malheureusement une des plus mal écrites; des parties de lignes et même deux lignes entières sont restées impénétrables à des gens plus habiles que moi. Je vais transcrire de ce catalogue tout ce qu'il a été possible d'en déchiffrer, en y ajoutant quelques notes sur les ouvrages qui y sont mentionnés; mais il ne faut pas oublier que quelques-uns peuvent avoir entièrement disparu, sans laisser aucune place dans la bibliographie, et que d'autres sont peut-être des manuscrits qui n'ont jamais été imprimés.

Les livres que j'ay qui sont en mon estude.

Premièrement une somme angélique de feu mon oncle (2).

---

(1) Je pense qu'il est ici question d'un livre de prières manuscrit, orné de lettres en couleurs et d'une miniature.

(2) Je ne connais pas d'ouvrage imprimé portant ce titre; serait-ce la Somme de saint Thomas, surnommé le docteur « angélique » ?

Un fascicule temporum (1).
Ung totius anni (?)... (2).
Une légende en latin (3).
Les ordonnances royaulx (4).
Vocabularius.... (5).

. . . .

Grammatica Guidonis (6).
Cicero, des offices, en françois (7).
Flor (8)....

. . . .

Troys ordonnances royaulx, faictes par le roy
Françoys, dont y a unes relhyées de peau.
Le exposicion de sept psaulmes (9).
Les chronicques de Normandye (10).
Manipulus oratorum (11).

---

(1) *Fasciculus temporum*, par Rolewinck; c'est une chronique fort abrégée, qui a eu cependant beaucoup de vogue à la fin du xvᵉ siècle.

(2) Le rapprochement de cet article avec le suivant me fait conjecturer qu'il s'agit ici du *Legende totius anni*, Paris, 1518.

(3) La *Légende dorée*, de Jacques de Voragine (?).

(4) Pour les ordonnances des rois de France antérieures à François Iᵉʳ, et pour celles de ce prince mentionnées plus loin, voy. Brunet, 5ᵉ éd., à l'article *Ordonnances*.

(5) Sans doute un dictionnaire latin-français.

(6) Je ne connais pas de grammaire par un auteur du nom de Guidon.

(7) Depuis l'invention de l'imprimerie jusqu'en 1550, il a paru plusieurs traductions françaises du *De Officiis* de Cicéron.

(8) Serait-ce la *Déplorable fin de Flamète*, par Jehan de Flores?

(9) L'*Exposicion des sept pseaumes en françoys*, par le cardinal Pierre d'Ailly.

(10) Livre souvent réimprimé; la première édition connue est de 1487.

(11) Ce livré m'est inconnu.

Ung testament de..... (1).

Ung kalendryer de..... (2).

Ung livre de l'establissement du parlement de Parys (3).

Ung livre appelé Mandeville (4).

Le traicté des eaulx (5).

Ung volume faict par.....

L'art de chyromencie (6).

Le livre de sagesse (7).

Ung autre pettit livre appellé.....

Ung autre livre mieulx faict et ordonné de playds (?)

Les antiquités de Paris (8).

Ung psauthyer avec la exposicion de Lyra, couvert en parchemyn (9).

Itemp un pettit livre de médecine faict par..... et ce des quatre complections de l'homme (10).

------

(1) Il s'agit peut-être ici du Grand et du Petit Testament de François Villon.

(2) Probablement le *Compost et Kalendryer des bergiers*, livre très souvent réimprimé.

(3) Inconnu.

(4) La relation de voyage de Jean de Mandeville eut un très grand succès.

(5) Peut-être le *Traicté des eaues artificielles, les vertus et propriétés d'icelles*, dont la première édition parut vers 1490.

(6) L'*Art de chiromance*, d'Adrien Corum. Du Verdier mentionne une édition imprimée à Lyon, s. d., par Jacques Moderne.

(7) *Le Livre de Saigesse suyvant les auctoritez des anciens philosophes*.

(8) Par Corrozet : la première édition connue est de 1532, ou peut-être de 1531.

(9) Le psauthier avec l'exposition de Nicolas de Lyre, traduite en français.

(10) Inconnu.

Plus achapté à Molyn, le ixe juing mil v^c xlviii les Institutes (1) couvertes en parchemyn, et me couste iii s.

Etienne Nazarier se plaint deux ou trois fois dans son registre de sa petite santé. Le vendredi-saint de l'année 1547, le pauvre homme fut pris d'un si vilain catare, qu'il en cuida trépasser le jour de Pâques. Il mourut en effet à un âge peu avancé, et certainement avant 1564.

Jean Nazarier, son fils aîné, ajouta quelques pages sans grand intérêt au journal paternel. Vous y verrez pourtant qu'au mois de janvier 1568, « amprès les Roys », en belle et bonne compagnie, il célébra joyeusement ses fiançailles avec la fille de Me Antoine Vialhon, greffier de la justice d'Ambierle. Mais il a négligé de nous instruire de la naissance de ses enfants.

Il fut comme son père un notaire fort considéré ; les actes les plus anciens que nous connaissons de de lui sont de 1575. Mais il avait en sa jeunesse porté les armes, et servi dans les troupes royales contre les Huguenots qui, « en haine de ce faict », saccagèrent et brulèrent sa maison (2).

Cela se passait vers 1573. Jean Nazarier possédait une partie de la vallée qui avait été le berceau de sa famille, et en particulier le domaine du Duc ;

---

(6) Les *Institutes* de Justinien.

(2) Arch. munic. de Moulins, n° 114. — Voy. aussi les lettres patentes d'Henri III, mentionnées à la note suivante.

c'est là qu'il se bâtit une nouvelle maison, ou plutôt un château qu'il appela la Fayolle. Nazarier obtint même des lettres patentes d'Henri III, datées de juillet 1588, qui l'autorisaient, avec l'assentiment du seigneur haut-justicier, à faire clore sa maison « de fossés et pont-levis pour la seureté de sa personne et la conservation de ses biens (1) ». Le seigneur haut-justicier était alors Anne d'Urfé, baron de Châteaumorand, qui, parait-il, ne refusa pas sa permission, car les fossés de la Fayolle existaient encore il y a cinquante ou soixante ans.

On s'étonne qu'un bourgeois de campagne osât se bâtir une maison presque seigneuriale, près de laquelle faisait triste figure le petit château voisin de Godinière, bien qu'habité par un gentilhomme authentique. Mais Jean Nazarier était-il encore, ou se regardait-il comme un simple bourgeois ? C'est bien douteux. Je soupçonne fort en effet qu'il renonça vers ce temps-là à exercer sa charge de notaire. Il se fit dès lors appeler « noble Nazarier de la Fayolle », et comme il avait acquis de Jacques de Bry, seigneur de Godinière, quelques petits cens voisins, il put pompeusement parler de son fief de la Fayolle. Enfin, il était capitaine châtelain des baronnies de Châteaumorand et de Châtelus, fonctions sans importance, il est vrai, mais qui d'ordinaire étaient remplies par des gentilshommes.

Je dois dire cependant que, un siècle encore plus

---

(1) Ces lettres patentes ont été publiées dans l'*Ancien Forez*, t. V, p. 273.

tard, les prétentions nobiliaires des Nazarier étaient difficilement admises par les officiers comptables du roi, terribles éplucheurs de titres, qui demandaient fâcheusement au petit-fils de Jean Nazarier, ou de concilier sa noblesse avec ce fait que son grand-père avait été notaire, et même fermier de Pengus pour les chanoines de Montbrison, ou de dire comment sa famille était sortie de la roture (1). Mais si peut-être les Nazarier n'avaient pas la noblesse officielle et reconnue, il est certain que, depuis Jean Nazarier, ils se regardèrent et que l'opinion les regarda comme de vrais gentilshommes. Beaucoup, pour ne pas dire la plupart de ceux qui « vivaient noblement », n'avaient pas d'autres titres que cette noblesse d'opinion.

Nous sommes donc arrivés à cette heure, toujours intéressante, où une famille, partie de rien, après un stage dans la bourgeoisie, glisse tout doucement dans la noblesse. Mais à ce moment-là même la généalogie des Nazarier s'embrouille singulièrement. Ce n'est pas que les documents fassent défaut, au contraire, nous en avons un grand nombre sous les yeux ; mais il est malaisé d'en dégager des séries régulières. N'oublions pas qu'Etienne Nazarier, outre Jean, son fils aîné et principal héritier, avait laissé trois autres fils, qui probablement s'établirent à leur tour ; de plus, de son frère paraît être issu un autre Jean Nazarier, également notaire à Saint-Martin-d'Estreaux, et que les actes

____

(1) Arch. munic. de Moulins, *loc. cit.*

appellent *Jean Nazarier le jeune*, pour le distinguer de son cousin. Il est donc vraisemblable que, sans parler des rameaux anciens qui ont pu obscurément subsister, il s'est formé à la fin du XVIe siècle deux ou trois branches nouvelles; c'est leur histoire qu'il est difficile de suivre. A quelle branche rattacher Louis Nazarier, qui figure comme témoin à la présentation du testament mystique de Diane de Châteaumorand? (1) Et Claude Nazarier, curé de St-Bonnet-des-Quarts, mort en 1615? Et un autre prêtre, Pierre Nazarier, qui fit scandale, paraît-il, et fut interdit? (2). A Barrais, au XVIIe et au commencement du XVIIIe siècle, vivait une famille Nazarier très notable, qui marchait à peu près de pair avec les de Quirielle (3); bien des indices me font croire qu'elle s'est détachée des Nazarier de la Fayolle; mais comment? et à quel moment? c'est ce que je ne puis dire avec certitude. D'ailleurs, comme il arrive d'ordinaire dans les familles nombreuses, quelques-uns des Nazarier retombèrent dans le peuple ou la petite bourgeoisie. Un Claude Nazarier, simple chapelier, était parent des Nazarier de la Fayolle; je trouve même un Guichard Nazarier, pauvre manœuvre à La Pacaudière.

---

(1) Reure, *Hist. du château et des seigneurs de Châteaumorand*, p. 78.

(2) Ces deux Nazarier sont mentionnés dans les registres paroissiaux de Tourzie.

(3) Notes communiquées par M. l'abbé Flachard, curé de Barrais-Bussolles, canton de Lapalisse (Allier).

C'est assez dire qu'il est impossible d'établir une généalogie satisfaisante de cette famille depuis Jean Nazarier ; je me contenterai de constater quelques faits certains, d'autres qui sont au moins, ou qui me paraissent très probables (1).

Jean Nazarier eut au moins deux fils :

Jacques Nazarier de la Fayolle, seigneur dudit lieu. Dans le registre d'Etienne Nazarier, grand-père de Jacques, on trouve la note suivante, écrite de la main de son fils, et que je citerai parce qu'elle est en quelque sorte la dernière page de ce livre de raison : « Donques de mes dictz biens en apartiendra audict Jacques Nazarier, clerc, filz aisné, pour sa part et portion héréditaire, ma maison de la Fayolle avecque tous les meubles utancilles y et tous *(sic)*, ensemble le domaine dudict lieu, comme j'en jouys, ensemble le bestail que cy trouvera lors de mon déceds. Nazarier. — Plus luy apartiendra mon domaine apellé des Marmins, circonstance dépendance d'icelluy, le tout situé en la paroisse de Sainct-Bonnet-des-Cars, ensemble le bestal et tout audict lieu lors de mon dict décedz. Plus luy apartiendra mon domaine des Baratier, y comprins ce que j'ay acquis des Reure avec le bestal dudict lieu.

---

(1) J'ai dressé cette généalogie *assurément très imparfaite* d'après les registres paroissiaux de Tourzie, les archives de Châteaumorand, l'inventaire imprimé des archives de la Loire et de l'Allier, et quelques notes qui m'ont été très obligeamment communiquées par M. Révérend du Mesnil et M. Aubert de la Faige.

NAZARIER (1). » — Jacques Nazarier paraît être mort sans postérité, laissant ses biens à son frère :

Jean Nazarier, seigneur de la Fayolle, mort avant le 24 novembre 1617. Il avait épousé Jeanne Gacier, qui se remaria à Melchior Servajean, seigneur de la Motte de Sail. Il eut pour fils :

1º Jacques Nazarier, seigneur de la Fayolle, qui fut marié, le 3 juillet 1629, à Madeleine Vindly ; il vivait encore en 1648. Jacques mourut probablement sans postérité.

2º Jean Nazarier, écuyer, seigneur de la Fayolle, des Marmins et de Belle-Rivière, gentilhomme servant du roi, né le 20 février 1604. Il épousa Madeleine Billard, et fut enterré à Tourzie le 2 décembre 1654.

3º Michel Nazarier, seigneur de la Font, dans la paroisse de Sail, et de Beaulieu. Ce n'est pas toutefois sans hésitation que nous le plaçons ici. De Michel Nazarier est né François-Hilaire Nazarier, seigneur de Beaulieu, dont la fille Gabrielle épousa, en 1706, Henri de la Faige, seigneur des Claines. François-Hilaire est aussi qualifié dans quelques actes seigneur de la Fayolle, ce qui donne lieu de penser que cette terre était restée indivise entre son oncle, Jean Nazarier, et son père, Michel Nazarier. C'est à lui sans doute qu'on doit attribuer la mort tragique de Gilbert de Lévis, fils aîné du marquis de Châteaumorand. D'après le P.

---

(1) Cette page a été barrée par des traits obliques.

Anselme (1), Gilbert de Lévis aurait été assassiné ; mais une note des registres paroissiaux de Pierre-fitte-sur-Loire permet de ne voir dans cette mort qu'un accident de chasse : « Le 10 août 1657, jour de la Saint-Laurent, avons appris la mort de M. le jeune marquis, arrivée sur les quatre heures du soir, *et a été tué par M. de la Fayolle dans une rencontre à la chasse,* et le 12 août dimanche, par ordonnance de M. le châtelain Guerry, il a été fait savoir au prône de la messe que ce jour-là on dirait les vêpres des morts à l'issue des vêpres, et qu'on sonnerait les cloches pendant le temps de la soirée, et que le lundi 13 on ferait un service pour le défunt, où tous les maîtres de maison assisteraient à peine de dix francs d'amende. Le service a été fait par moi, curé, etc. Symonin, prêtre (2). »

Le château de la Fayolle revint ensuite, probablement en vertu d'un traité de famille que nous ne connaissons pas, à Jean-Baptiste Nazarier, fils du dernier Jean Nazarier dont il a été question plus haut. — Jean-Baptiste Nazarier, seigneur de la Fayolle, des Marmins et de Belle-Rivière, naquit à La Pacaudière et fut baptisé à Tourzie le 12 octobre 1650. Par contrat du 16 janvier 1681, il épousa Anne Rivière, fille de Claude Rivière, avocat, et

---

(1) Généalogie de la maison de Lévis, dans le t. IV de l'*Histoire généalogique.*

(2) Nous avons reproduit cette note telle qu'elle nous a été communiquée par M. Léon Picard. Pour la comprendre, il faut savoir que le marquis de Châteaumorand était seigneur de Pierre-fitte-sur-Loire.

de Marie-Anne Gravier (1). Jean-Baptiste Nazarier fut longtemps bailli de La Palisse et exerça les fonctions de subdélégué de l'intendant du Bourbonnais. Il fut enterré à Tourzie, le 26 mars 1727 ; sa femme, Anne Rivière, était morte à La Pacaudière quatre ans auparavant. De leur mariage étaient nés :

1° Benoît Nazarier, chanoine de Notre-Dame de Cusset, baptisé dans l'église paroissiale de Tourzie, le 18 octobre 1690. Le 19 juin 1759, il fit donation à Jean-Simon Gravier, président aux traites foraines de Vichy, et à Pierre Gravier, président au grenier à sel de la même ville, de la maison qu'il habitait à Cusset, près de l'église collégiale, et de la moitié du domaine des Marmins, à Saint-Bonnet-des-Quarts.

2° Thérèse Nazarier, mariée, vers 1709, à Gabriel Laurent, seigneur du Pouzu, à Billezois en Bourbonnais.

3° François Nazarier, curé d'Arfeuilles.

Et peut-être 4° Pierre Nazarier, qui habitait La Pacaudière, où il mourut vers 1744, léguant une partie de ses biens aux pauvres de la paroisse de Tourzie et l'autre à Claude-Palamède Baudinot, seigneur de la Salle près de La Pacaudière.

Il y a beaucoup d'apparence que la famille Nazarier de la Fayolle est complètement éteinte aujourd'hui ; nous n'en trouvons plus aucune mention après 1759. Du reste, il y avait plus de soi-

---

(1) *Invent. des archives de la ville de Moulins*, n. 463.

xante ans déjà que la maison et la terre de la Fayolle ne lui appartenaient plus. Vers 1690, elles furent saisies par les créanciers de Jean-Baptiste Nazarier, vendues par autorité de justice, et adjugées à Jean-Guy Gaulne, de Roanne.

En somme, il faut bien avouer que les Nazarier de la Fayolle ont joué un rôle des plus effacés, et rien n'aurait justifié cette notice, si nous n'avions rencontré le précieux livre de raison d'Etienne Nazarier.

On nous saura gré peut-être d'ajouter quelques mots sur les autres familles qui ont possédé la Fayolle jusqu'à nos jours.

Jean-Guy Gaulne avait acheté aussi, par acte passé devant Mᵉ Vallet, notaire à Saint-Martin-d'Estreaux, le 20 avril 1691, le petit château et le fief de Godinière. La propriété ainsi constituée était assez considérable. Outre le château de la Fayolle, elle comprenait les domaines Mercier, du Spont, du Duc, de Godinière, de Baratier et de la Reure, avec quelques rentes nobles, des dîmes, un petit terrier dans la parcelle de Pingus, et le droit de franc-moulu sur le moulin Gondo. Cependant la famille Gaulne semble n'avoir jamais fait sa résidence régulière à la Fayolle ; elle habitait Roanne ou La Pacaudière.

De son premier mariage avec Catherine Dorion, Jean-Guy Gaulne eut de nombreux enfants ; mais un seul nous intéresse ici, savoir :

Jacques-Ignace Gaulne, seigneur de la Fayolle et de Godinière, avocat en Parlement, conseiller du roi, élu en l'élection de Roanne, mort le 15 septembre 1735. Il avait épousé, par contrat du 22 janvier 1708, Marguerite-Claude-Noël de la Mure de Bienavant (1). Marguerite, dernière descendante de la branche de Bienavant, était la fille unique de Noël, neveu et héritier de l'historien Jean-Marie de la Mure.

Marguerite de la Mure fit son testament à Saint-Etienne en Forez, le 15 juillet 1745 (2). Elle déclare qu'elle veut être ensevelie au tombeau des pauvres de la paroisse, dans le cas où elle décèderait à Roanne, et dans la chapelle du Saint-Esprit de l'église de Tourzie, si elle meurt dans sa maison de La Pacaudière. Elle fait des legs à l'hôtel-Dieu de Roanne, aux couvents de cette ville, à quelques-uns de ses enfants et petits-enfants, et donne « à chacun des autres parents et prétendant droits sur ses biens *cinq sols*, payables l'année révolue de son décès, en faisant apparoir de leurs droits ». Enfin elle institue pour héritier universel son petit-fils Jacques-Claude-Noël Regnaud de Galtière, fils de Charles-François Regnaud, seigneur de Galtière, chevalier de l'ordre de Saint-Louis, officier des gendarmes de la garde du roi, et de Marguerite Gaulne (3). Il faut encore remarquer dans ce testa-

---

(1) Voyez Chaverondier, *Notes pour servir à la biographie de Jean-Marie de la Mure*, p. 9 ; Guillen, *Recherches sur Roanne et le Roannais*, p. 339 ; *Revue du Lyonnais*, IIIe série, t. XV, p. 184.

(2) Une copie de cet acte est aux archives de la Fayolle.

(3) Le contrat de mariage de Ch. Fr. Regnaud et de Marguerite Gaulne est du 20 juillet 1738.

ment la clause expresse par laquelle Marguerite de la Mure permet à son héritier de vendre la terre de la Fayolle. Par un codicille, fait dans sa maison de La Pacaudière, le 12 mai 1749, Marguerite de la Mure réduisit encore les legs faits à ses enfants dans son premier testament. Elle mourut la même année à La Pacaudière (1).

Le testament assez singulier de Marguerite de la Mure, par lequel elle déshéritait à peu près ses enfants au profit d'un seul de ses petits-fils, paraît avoir été cassé pour cause de nullité quelques années plus tard (2). Il est du moins certain que, dès 1766, le château et la terre de la Fayolle avaient passé aux mains d'un autre petit-fils de Marguerite, Noël-Claude-François-Xavier Gaulne de la Fayolle, écuyer, grand messager de l'Université de Paris, demeurant à La Pacaudière, et fils de Jean-Louis Gaulne, dit Godinière, négociant à Lyon (3).

Par acte du 21 janvier 1775 (4), reçu Thiolayron et Mourier, Claude-François-Xavier Gaulne vendit, pour le prix de 89.392 livres, la terre de la Fayolle avec toutes ses dépendances à Claude Girard de Charbonnière, écuyer, chevalier de Saint-Louis,

---

(1) *Arch. de la Loire,* B. 539. Cf. B. 709.

(2) La terre de la Fayolle appartenait encore à l'héritier institué par Marguerite de la Mure en 1757. (*Arch. de Châteaumorand*). — Le 10 avril 1755, Ch. Fr. Regnaud de Galtière, en qualité de tuteur et d'administrateur des biens de son fils, fit hommage au roi pour les fiefs et rentes nobles dépendant de la terre de la Fayolle.

(3) *Arch. de la Loire,* B. 295 et 735.

(4) Communiqué par M. Révérend du Mesnil.

capitaine au régiment d'Autun (1), qui prit le nom de Girard de la Fayolle et vint habiter son château. Je ne dirai rien ici de l'histoire de cette famille, annoblie par Henri III en 1583, et qui vit encore honorablement dans notre province.

Claude Girard, marié en 1766 à Agathe Deferré, en eut plusieurs enfants. L'aîné, Louis-Antoine Girard de la Fayolle, ci-devant écuyer, seigneur de la Fayolle, chevalier de Saint-Louis et officier aux gardes du corps, céda, pour 78.000 livres, le 2 brumaire an XIII, le château de la Fayolle, avec les domaines Duc, la Reure et Baratier, à Pierre Matthieu Hue de la Blanche, propriétaire du château et de la terre de la Curée. M. de la Blanche acquit encore le domaine de Godinière, par acte du 14 novembre 1806, de Jean-Georges Girard de Godinière (2). Quelques acquisitions nouvelles complétèrent la nouvelle terre de la Fayolle, telle qu'elle a existé pendant les trois quarts de ce siècle.

Bien que je me borne ici à ce qui est absolument nécessaire pour achever l'histoire de la Fayolle, je ne puis oublier de mentionner, entre les autres enfants de Claude Girard de Charbonnière, sa fille Marie-Anne Girard, mariée à Antoine-Henri Fialin, et décédée, en 1843, au bourg de Saint-Martin-d'Estreaux. Son fils aîné, Henri Fialin, fut notaire à Saint-Martin-d'Estreaux . L'autre,

---

(1) Je trouve ailleurs : major au régiment d'Aunis. — Le 29 juillet 1776, Claude Girard fit hommage au roi pour sa nouvelle acquisition (*Arch. du Rhône*, C. 397, fol. 277).

(2) Communiqué par M. Révérend du Mesnil.

« M. Victor Fialin », comme on l'appelait, était réservé à une célébrité qu'on ne prévoyait guère. J'ai entendu dire que le duc de Persigny, par respect pour la mémoire de sa mère, avait long-temps caressé l'idée de racheter et de restaurer le château de la Fayolle.

Par un traité de famille du 18 août 1830, M. Pierre-François-Hector Meynis du Fournel de Paulin, marié, par contrat du 15 février précé-dent, à Mlle Thérèse-Olympe Hue de la Blanche, fille de M. Pierre-Matthieu de la Blanche, devint propriétaire de la terre de la Fayolle. M. Hector Meynis de Paulin est mort le 12 septembre 1859, conseiller général de la Loire pour le canton de La Pacaudière. La terre de la Fayolle a été récemment démembrée ; mais le château est resté aux mains de M. Paul Meynis de Paulin, qui porte avec dignité un nom très honorable (1).

Le château de la Fayolle a subi, depuis soixante ans, des changements considérables. Les fossés ont été comblés ; un corps de logis, brûlé vers 1866, a été rebâti ; mais il reste toujours, du vieux château des Nazarier, des tours carrées, couronnées de toits aigus qui ne sont pas sans caractère.

---

(1) On peut citer parmi les membres notables de la famille Meynis : le procureur général syndic Gabriel Meynis, (Voy. *Anc. Forez*, t. III, p. 1 et suiv.), et M. Meynis, auteur des *Grands sou-venirs de l'Eglise de Lyon*.